AF230654

5
426.(Les exempl. qui portent la suscription :
"Seconde . . . . Huitième Edition" ne sont
que des doubles de ce 1er tirage, avec tit. réimp.)

DEBOUT

LA PROVINCE.

Paris. — Imp. de J.-B. Gros, rue du Foin-St-Jacques, 18.

DEBOUT

LA PROVINCE

PAR

Alexandre WEILL.

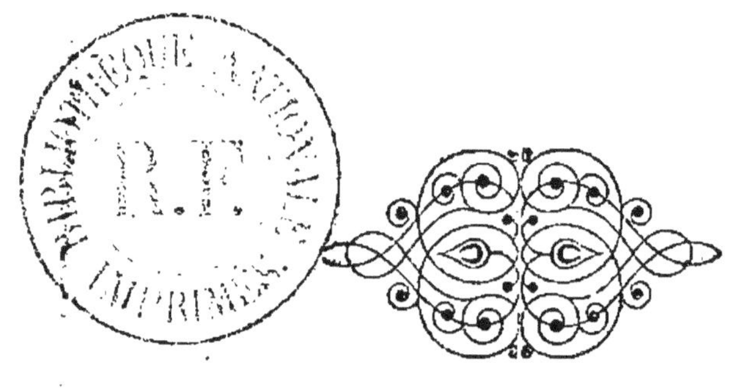

PARIS,

CHEZ DENTU,
Palais-National.

A LA LIBRAIRIE,
Passage du Grand-Cerf,

Et chez tous les Libraires de France et de l'étranger.

1849.

Pour la seconde fois depuis février, vous allez entrer dans les comices électoraux, non pour jeter dans l'urne l'expression directe de votre volonté sur la forme du Gouvernement, mais dans le but d'envoyer de nouveaux représentants à la nouvelle Constitution.

Depuis soixante ans, la France, que des poètes ont décrite, commençant à Strasbourg et finissant à Marseille, ne commence réellement qu'à la barrière Saint-Jacques, traverse le faubourg Saint-Antoine, descend par les boulevarts vers les Tuileries, la Chambre des députés et remonte jusque sur la place de l'Hôtel-de-Ville.

C'est cette France qui règne et gouverne, qui fait et défait les gouvernements, grâce à quelques aventuriers audacieux, à une poignée de journalistes violents et en faveur de quelques hommes politiques sans foi ni loi, ne reconnaissant que le *Moi*.

C'est cette France qui a fait et défait 93.

C'est elle encore qui a créé le Consulat et proclamé l'Empire, sauf à se faire acclamer par la province en qualité de comparse.

C'est, enfin, la même France souveraine qui a fait 1830 et 1848. Ni Strasbourg, ni Marseille, ni même Montmartre n'y avaient rien à dire. On leur envoyait des gouvernements tout faits et ils courbaient la nuque sous le fait accompli.

Le fait accompli, c'est le mot honnête inventé par les révolutionnaires, à la place de ce que jadis on était convenu d'appeler : usurpation, tyrannie et droit du plus fort.

Est-ce la faute de Paris? Cette ville, représentant la France révolutionnaire sans principes, est-elle seule coupable d'usurpation et de despotisme?

Non!

Quand une minorité impose sa volonté à une majorité sans que celle-ci proteste par toutes les voies légales, cela prouve que la minorité victorieuse vaut mieux que la majorité vaincue.

Tout gouvernement, par cela seul qu'il dure, prouve qu'il est supérieur aux gouvernés. S'il ne l'est pas, il ne dure pas et disparaît bientôt sous la pression de la volonté générale. Tacite a beau flétrir les cruautés et les infamies de Tibère, de Claude et de Néron, lui-même prouve suffisamment que ces misérables valaient encore mieux que la majorité des Romains de leur temps.

A bien considérer, les peuples et les individus ont toujours le sort qu'ils méritent. Toute nation mal gouvernée ne prouve par ses plaintes et ses gémissements que sa faiblesse et sa lâcheté. Il ne tient qu'à elle d'avoir un gouvernement de paix, de droit et de progrès. Elle n'a qu'à parler et qu'à mettre les actes à la hauteur de la parole.

Rien de plus pitoyable que les jérémiades d'une majorité subjuguée, ou d'une nation entière qui périt. Dans le domaine politique, il ne suffit pas d'être malheureux pour avoir raison. Dieu ne vient au secours qu'aux hommes glorifiant son nom par le courage, l'union, la justice et la pratique des vertus civiles.

Donc, point de récriminations contre le passé. La France, en se laissant subjuguer par une minorité violente et remuante, a prouvé seulement qu'elle n'a été digne ni de l'ordre, ni de la liberté.

L'ordre ne se décrète pas. Pour qu'il règne dans les faits, il faut d'abord qu'il soit dans l'accord des idées et des principes.

La liberté ne se donne pas, il faut la prendre.

Toutefois c'est une justice à rendre à la France. Depuis la révolution de février, elle se relève et semble recouvrer sa souveraineté nationale.

Déjà elle commence à bégayer le droit et à comprendre l'ordre. Bientôt elle parlera au nom de la liberté, et malheur à elle si elle recule, ou si elle faiblit dans cette sainte mission!

En effet, la révolution de février, loin de prouver l'omnipotence renaissante de Paris, est le dernier flamboiement d'une torche qui se meurt. C'est la dernière victoire de la capitale. Dorénavant Paris n'est qu'une cité française de premier ordre avec trois cent mille élécteurs. Ni plus ni moins. Février est le déblaiement radical de tous les décombres révolutionnaires, derrière lesquels s'étaient abrités les exploiteurs du fait accompli. La France a accepté ce mouvement, non comme le commencement d'une série de révolutions, mais comme la fin de toutes celles qui l'ont ébranlée dans ses fondements. C'est la plus large, et partant la dernière ondulation du cercle de quatre-vingt-treize.

Pour rendre le son à une cloche fêlée, il faut élargir la fente.

C'est ce qu'a fait la commotion de février. Elle a rendu la voix et la vie à la France fêlée par une royauté révolutionnaire et usurpatrice.

Depuis cette époque, la province a eu le temps de se recueillir, de reconnaître ses forces et celles de ses ennemis. La première fois depuis soixante ans, c'est la province qui a fait dissoudre l'Assemblée nationale de Paris. C'est la première victoire d'une première campagne. Victoire stérile, si elle reste isolée ; triomphe fécond et glorieux, s'il est utilisé pour le bien de la France, c'est-à-dire pour tous les Français sans exception.

Après février, Paris vous a appelés pour accla-

mer la République, comme des choristes qui répè-
tent le refrain des acteurs.

Aujourd'hui c'est vous mêmes qui vous êtes appelés pour élire les représentants de vos principes,
de vos besoins, de vos mœurs nationales et finale-
ment, si vous voulez, pour arriver légalement à
connaître vos opinions sur la forme définitive du
Gouvernement.

Si vous avez la conscience de votre force, de
votre droit, de votre victoire, vous pouvez rendre à
la France, toute sa liberté, toute sa prospérité au
dedans, toute sa gloire, toute sa mission au de-
hors.

Si, au contraire, vous vous arrêtez à moitié chemin, si vous reculez devant votre hardiesse, si, en
un mot, vous n'avez aucun plan de conduite, si
vous n'êtes pas d'accord pour choisir des chefs
éprouvés, sachant où ils tendent, et où ils vous
conduiront, préparez-vous à une nouvelle défaite,
et subissez de nouveau le joug du fait accompli.

Il n'y a que les impuissants et les fainéants qui
imputent leurs revers au hasard, et à la mauvaise
fortune.

Non pas qu'il faille vaincre du premier coup; il

suffit de se compter, de se serrer et de faire son devoir.

L'homme, le peuple convaincu de son droit, fait avant tout son devoir. Dieu est avec le droit; Dieu est avec le courage, la raison et l'ordre.

Jamais nation n'a fait de grandes et de belles choses, qu'en faisant son devoir. Elle peut périr momentanément; mais, le devoir accompli, son droit finit toujours par triompher.

Cherchez bien dans l'histoire, cette charte synallagmatique entre Dieu et l'homme, vous verrez que partout le peuple qui périt, n'a pas fait son devoir, ou ne l'a fait qu'à demi.

Depuis cinquante ans vous n'avez pas fait votre devoir.

Faites-le maintenant, ou préparez vous à perdre tous vos droits.

Votre devoir, c'est de remonter hardiment la pente des révolutions sur laquelle, par votre indolence, vous avez glissé jusqu'au fond; c'est de n'avoir ni cesse ni repos, pour retourner à l'ordre, afin d'assurer la liberté de tous.

Semblables au peuple d'Israël, élevant le nouveau temple de Jérusalem, la truelle dans une main et le glaive dans l'autre, vous êtes appelés à reconstruire la France démolie et effacée sous les ruines de la révolution, sur une nouvelle base; à la reconstruire plus belle, plus forte, plus puissante que jamais.

Malheur à vous si, un seul instant, vous vous laissez détourner de ce but! Malheur à la France, à peine éveillée, si de nouveau elle se laisse endormir par des ambitieux impatients et des traînards parlementaires.

Comme Moïse avant la bataille sacrée, invitez les couards, les faibles et les retardataires à quitter les rangs, et en avant!

En avant! Non pour la réaction et la résistance contre les idées du progrès, mais contre les bornes révolutionnaires et semi-révolutionnaires, esclaves de leur orgueil et de leur ambition.

En avant! Contre les hommes de désordre et d'athéisme politique.

En avant! Contre les ignorants et les impuissants de tous les partis. Vous êtes sur le chemin de l'honneur, de la liberté et de la gloire.

En avant donc ! Et ne regardez jamais en
arrière. Laissez derrière vous la Sodome de la sédition, de la violence, de l'arbitraire et du machiavé-
lisme politique, sous peine d'être pétrifiés comme
la femme de Loth.

Chaque jour vaut une année ; chaque heure une
journée.

En avant ! Vous dis-je, et que votre devise soit :
Pour Dieu, l'ordre et la patrie !

Toutefois, pour avancer, il faut connaître le terrain sur lequel on marche; il faut connaître au juste les moyens des adversaires qu'on doit vaincre; il faut, avant tout, que les armes soient légales et que le but soit grand, juste et élevé, afin, qu'atteint, il puisse devenir un pivot de progrès et de prospérité.

Une des plus fatales erreurs des esprits révolutionnaires de notre temps, est de croire, qu'en politique tous les moyens soient bons pour arriver au but. Dans le domaine moral, comme dans le monde physique, l'effet ressemble toujours à la cause. De même qu'une fleur produit une fleur, la violence produit forcément la violence. Jamais moyen révolutionnaire n'a produit le bien qu'il s'est posé pour but. Ce bien, au contraire, eût été atteint sans perturbation par le temps seul, qui est le mouvement de Dieu.

On a beau faire couver par un aigle des œufs de hiboux, il n'en sortira que des hiboux ; seulement ils en sortiront plus vite. On a beau vouloir arc-bouter des principes révolutionnaires par des hommes d'ordre, l'œuf révolutionnaire en produira d'autant plus vite des avortons de désordre.

Il est aussi impossible de faire de l'ordre avec le désordre, eût-on le génie de Prométhée, que de faire venir une rose d'une semence de chardon.

L'homme ne crée le bien et le beau qu'en s'appuyant sur les éléments positifs d'ordre et de mouvement.

Ordre et mouvement sont presque identiques. Les soi-disant hommes d'ordre qui font de la résistance au mouvement sont aussi révolutionnaires que les violents du mouvement qui renversent l'ordre.

La loi morale et la loi physique sont aussi

étroitement liées ensemble que l'âme et le corps. La sagesse n'est autre chose que l'observation de la nature, qui est la manifestation de Dieu, c'est-à-dire l'effet visible de la cause invisible.

C'est par cette raison que de simples paysans sont souvent de plus grands politiques que des savants titrés.

Il est des terres incultes, mais grasses, sur lesquelles l'ivraie pousse souvent en abondance. Il ne faut que la main de l'homme pour rendre cette terre féconde et bienfaisante. C'est ainsi que sans la culture de l'homme, le meilleur principe produit souvent le mal.

Mais il est impossible à l'homme de tirer quoi que ce soit d'un terrain crayonneux et volcanique. Il a beau épuiser ses forces et son temps, le produit ne vaudra jamais le travail qu'il a coûté.

Il en est absolument de même du principe. S'il est mauvais, le meilleur ouvrier y perd sa force et son temps, souvent sa vie. Encore avec le meilleur terrain ne faut-il pas vouloir récolter le lendemain des semailles. Tout vient à point à qui sait agir et attendre. Or celui-là seul qui est dans le vrai sait attendre.

Si la patience est le privilége du génie, comme dit Buffon, c'est surtout dans le domaine politique; partout et toujours l'homme persévérant dans une idée vraie et logique, l'emporte sur ses adversaires quatre fois plus nombreux et plus puissants. La violence, l'injustice, l'erreur, ont plusieurs faces et changent à tout instant de direction, mais la vérité est une et invariable. Le vice a plusieurs physionomies; la vertu seule se ressemble en tous points, et c'est pourquoi le vice la trouve ennuyeuse.

Aussi, si j'élève ma faible voix pour vous pousser dans le combat, c'est que j'ai la conviction que la victoire est au bout.

Le fait a beau violenter le droit, et se poser dessus pour le rouiller, le droit comme l'or pur reparaît tôt ou tard et soumet le fait à sa juridiction.

Chez toutes les nations, le droit commence au bien Toute institution de bien, éprouvée par l'expérience, est de droit absolu.

Seulement cette institution peut être faussée comme le terrain négligé par des hommes médiocres. Dans ce cas, elle a besoin d'être réformée et cultivée par des mains plus hardies et plus expérimentées.

Mais il arrive souvent que les peuples orgueilleux et paresseux, au lieu de se donner la peine de réformer les abus, préfèrent renverser le principe même; semblables à un cultivateur sot et prodigue, qui, au lieu de sarcler la mauvaise herbe et de creuser de nouveaux sillons, abandonne plutôt sa terre à un troupeau de pourceaux qui la rendent stérile pour longtemps.

Cela s'appelle une révolution.

Au premier moment, on s'abandonne au délire de l'enthousiasme, et l'on se félicite mutuellement; mais, au bout de quelque temps, voyant que pour avoir du pain, il faut d'abord de la terre arable, en d'autres termes, que pour avoir un peu de prospérité, sans laquelle il n'y a pas de liberté, il faut avant tout un principe d'ordre, les hommes révolutionnaires, après avoir passé par la misère, l'anarchie et la guerre civile, reviennent au point d'où ils sont partis, cherchent à déblayer le principe des ruines qui le couvrent et se résolvent enfin à le cultiver d'une manière sage et vigoureuse.

C'est là, en effet, la marche de toutes les révolutions. Elles finissent toutes comme elles ont commencé.

La France actuelle est dans ce cas. Elle finit sa révolution. Soyez persuadés qu'elle reviendra forcément au principe d'ordre qu'elle a renversé par sa première insurrection.

C'est pour elle une question de vie et de mort.

On n'a qu'à jeter un coup-d'œil rétrospectif sur l'histoire de France des dernières soixante années pour voir cette vérité au bout de chaque période.

La monarchie, en France, a toujours été de droit national comme institution de bien. Aucun autre principe gouvernemental n'a produit le bien dans ce pays ; aucun non plus n'a duré.

Ce principe a été compromis par des hommes médiocres, par de mauvais ouvriers. Mal cultivé, abandonné soûvent à lui-même, non-seulement il n'a plus rien rendu, mais encore il a été couvert de plantes rampantes et vénéneuses.

Vers 89, la nation française, de son propre mouvement, a demandé la réforme. Reconnaissant librement le principe légitime d'hérédité, elle demandait seulement d'autres hommes, d'abord pour déblayer le terrain de tous les priviléges du passé, puis pour mieux l'exploiter, afin d'en tirer pour l'avenir tous les fruits de progrés social et de liberté politique.

A vrai dire, l'immense majorité des Français n'a pas changé d'opinion depuis ce temps. Aujourd'hui, aussi bien qu'en 89, elle sait que les libertés fécondes et salutaires ne sont et ne peuvent être que le fruit de l'ordre héréditaire.

Seulement cette majorité n'ayant pas fait son devoir, le droit national ayant été bouleversé par une minorité violente, la France vaincue, meurtrie et épuisée, a applaudi à toutes les tentatives qui ont été faites depuis pour retourner à l'ordre.

Malheureusement elle a manqué de force et de volonté pour toucher au but, et quand elle y a été poussée par la logique des événements, n'ayant pas su en tirer parti, elle est bien vite retombée dans le principe du mal.

Cela prouve que César avait raison de dire: Rien n'est fait quand il reste encore quelque chose à faire.

Le Consulat, l'Empire étaient une halte glorieuse dans le principe du désordre, mais ce n'était qu'une halte !

Revenue à la Monarchie de 89, la France n'aurait eu qu'à poursuivre en 1815 l'œuvre interrompue de cette grande époque. Mais au lieu de faire leur devoir, les défenseurs de la Monarchie n'ont parlé que de leurs droits.

Or, nul principe n'existe pour soi-même. Dieu lui-même n'est Dieu que, parce que tout ce qui émane de lui, est bienfaisant et beau. La Monarchie n'a pas été inventée pour la noblesse et une famille, mais pour le bonheur des peuples. La France de 89 n'a demandé le maintien de l'hérédité, que parce qu'elle voulait et pouvait y planter des racines de liberté politique et sociale. La France ne sera plus monarchique, dès qu'elle aura la conviction que l'hérédité du pouvoir ne lui donnera ni honneur, ni bonheur, ni grandeur. Cette vérité n'a pas été comprise par les gouvernants de 1815. Ils n'auraient eu qu'à régner et laisser gouverner la France, pour être inébranlables. Ils ne l'ont pas fait, et de nouveau ils ont compromis le principe du bien. La révolution de 1830 le leur a appris trop tard.

Mais si les vaincus ont fait des fautes, les vainqueurs ont commis des crimes. Les premiers n'ont pas su exploiter un terrain magnifique; les autres l'ont anéanti par leur orgueil et leur inexpérience. Les uns et les autres sont criminels, car si les premiers n'ont pas su gouverner selon la volonté de la France, les autres, au lieu de la consulter librement, ont préféré instituer de nouveau un gouvernement révolutionnaire, et se confier à leur génie individuel pour en tirer l'ordre et la liberté. Vains efforts ! La logique est plus forte que les hommes, car elle vient de Dieu. Ils ont beau se targuer de leur succès de dix-huit ans, le 24 février leur a prouvé que le bien révolutionnaire n'est qu'une ombre qui fuit, un mirage qui trompe.

A les entendre, la révolution de Février n'est pas leur œuvre. Erreur ! Le 24 février est aussi nécessairement et inévitablement au bout de 1830 que 1815 était au bout du sacre impérial.

Voici pourquoi : Du moment que la base d'un gouvernement est l'insurrection, ce même gouvernement n'a aucun pouvoir pour faire le bien. Épuisant ses forces pour résister à ceux qui veulent le renverser, au nom du principe même en vertu duquel il existe, il ne peut un instant songer au bien du peuple. Il ressemble à un laboureur qui a volé une charrue et qui, au lieu de creuser des sillons, est forcé de brandir le soc contre des agresseurs qui, voleurs comme lui, lui disputent cette même charrue.

Ce n'est pas tout. Ne pouvant pas faire la guerre à l'extérieur, il ne peut pas être un gou-

vernement de paix, et manque, partant, à la mission sacrée de tout gouvernement. Un État révolutionnaire a beau déclarer qu'il aime la paix,
on ne le croira jamais, car on sait qu'il la subit
et qu'il ne la commande pas. Si Louis-Philippe
n'a pas fait la guerre, c'est qu'il savait très-bien
qu'une bataille perdue amènerait la terreur à
Paris. Encore s'il l'avait su seul ; mais l'étranger,
le sachant aussi, lui imposait sa volonté. Qu'arrive-
t-il ? Le bien même qu'un gouvernement révolutionnaire fait est tourné en mal, et, au bout de
quelque temps l'impopularité devient si forte, si
intense, si universelle, qu'aucune force matérielle
n'est capable d'arrêter l'explosion.

Croit-on que Napoléon a fait la guerre à l'Europe pour son plaisir ?

Non ! Il voulait la paix. Mais, en vertu de son
principe révolutionnaire, il était forcé d'être toujours le plus fort. S'il avait fléchi un seul jour,
il aurait eu les Jacobins à l'intérieur et l'Angle-
terre à l'extérieur. En effet, dès qu'il n'était plus
le plus fort à l'extérieur, son pouvoir, dans l'intérieur, a disparu comme un rêve. Témoin, la
conspiration Mallet. Témoin, sa chûte définitive.
Turenne aurait perdu cent batailles sans que
personne eût songé à renverser son roi. Mais

Turenne empereur aurait été renversé par la première défaite.

Toutefois les révolutions ont cela de bon qu'elles se guérissent mutuellement d'une manière homœopatique. Incapables de produire le bien positif, elles s'entredétruisent l'une l'autre, semblable à cette bête vénimeuse qui meurt en accouchant d'un petit. Aussi le 24 février est-il un mal qui en a anéanti un autre.

Il s'agit maintenant de savoir si soixante années d'expérience ont appris à la France la manière d'instituer un gouvernement d'ordre et de liberté, ou s'il faut qu'elle passe par une nouvelle série de révolutions.

Il s'agit, avant tout, de savoir quelle est l'opinion du Peuple français sur le principe gouvernemental de la France.

Il s'agit enfin de savoir si la France veut la démocratie qui règne et gouverne. Ou la monarchie qui règne et la démocratie qui gouverne.

Dans ce moment la France ne fait qu'une nouvelle halte dans le désordre.

On dit que la France a une Constitution faite par ses mandataires ; que, si défectueuse que soit cette Constitution, il n'y a pas de mauvais outils pour de bons ouvriers.

La maxime est juste.

Mais une Constitution n'est pas un outil, c'est l'échaffaudage, le terrain sur lequel on travaille. Les hommes les plus forts, royalistes comme socialistes, s'écrouleraient avec elle, que leurs outils fussent bons ou mauvais.

Comme loi exécutive, tout citoyen doit respecter la Constitution, mais comme principe de gouvernement, il est du devoir de chacun de le discuter et d'en montrer les défauts et les vices, afin de contribuer à l'amender, de manière qu'elle produise le bien.

Même si cette Constitution eût été votée et sanctionnée directement par la majorité, la minorité a le droit d'éclairer la majorité par la raison et la persuasion. Là, seulement, se bornent ses droits. Tout moyen de violence est un crime de lèse-nation, toute parole séditieuse est un attentat à la volonté du peuple. Une minorité qui a raison peut attendre, car la raison finit toujours par la victoire.

On dit que, par ses votes pour l'assemblée et le président, le suffrage universel a sanctionné la

Constitution. On ajoute que, dans le cas contraire, il aurait dû s'abstenir ou protester par des faits. Dans le premier cas, le suffrage universel n'aurait pas fait son devoir. Dans le second, il aurait commis un crime. S'abstenir, c'eût été le seul moyen de donner gain de cause aux héros révolutionnaires du fait accompli. User de violence, c'eût été innocenter le crime révolutionnaire par un autre crime. La vérité même, instituée par la violence et le droit du plus fort, est frappée de stérilité. Jusqu'à présent, le suffrage universel a agi en bon citoyen ; il a profité de ses libertés légales pour avancer dans le cercle étroit qui lui a été tracé, sachant bien que, tôt ou tard, par la seule force du droit, il dira son dernier mot et usera de sa souveraineté légitime. Il a empêché le règne des républicains violents ; il a renversé légalement la république dictatoriale, et le voilà arrivé, sans secousse ni violence, à sa troisième campagne, qui, bien conduite, sera pour lui une victoire définitive.

Pour être sûr de cette victoire, il n'a qu'à élire des mandataires qui, une fois pour toutes, lui poseront cette question : *Voulez-vous la République ou la monarchie ?*

Jusqu'à présent, la République n'a été proclamée que par les vainqueurs de février, c'est-à-dire par une immense minorité. La France, il est vrai, l'a acclamée.

Mais ACCLAMER n'est pas PROCLAMER.

C'est un malheur pour la France et la République. Ayant été faite par la révolution, elle risque d'être défaite par une autre. Les tentatives ne manqueront pas. Pendant quelque temps, elles s'appellent *révoltes*, mais tôt ou tard, elles prennent le nom de révolution. Certes, le 15 mai est un attentat criminel, mais il est la suite logique du 24 février. Je rends justice aux hommes qui nous gouvernent maintenant, je reconnais la bonne volonté et les qualités marquantes du président; mais je les avertis que le principe révolutionnaire, même acclamé, sera plus fort qu'eux. Ils sont dans la même position que Louis-Philippe, auquel la France a longtemps envoyé des députés et des majorités.

Déjà on leur reproche de ne rien faire pour le peuple. Bientôt on leur reprochera de sacrifier l'honneur de la France, de ne pas intervenir en faveur des Italiens, des Polonais et du grand Turc.

Reproches insidieux. Pures machines de guerre.

A moins d'être sûre de vaincre partout et toujours, la République révolutionnaire ne peut faire guerre, pas plus que la royauté de juillet. Le maréchal Bugeaud a bien dit, que si l'armée passait les Alpes, nous risquerions d'avoir la République rouge à Paris. Le maréchal a dit vrai. Il ne lui reste que d'en tirer les conséquences logiques.

Or, ne pouvant pas faire la guerre, la République n'aura jamais la paix.

Il en sera de même pour toutes les questions de l'intérieur, que l'Assemblée future soit docile ou non. Est-ce que Louis-Philippe n'a pas eu des chambres complaisantes ? Pourquoi s'est-il opposé aux réformes ? C'est qu'à chaque pas qu'il faisait vers l'opposition, il craignait de marcher vers une nouvelle révolution ; c'est que dans un état révolutionnaire aucune opposition de parti n'est sincère. Est-ce que les républicains rouges demandent des réformes sociales pour le bien du peuple ? Dans le nombre, il peut y avoir quelques socialistes sincères et naïfs, mais pour les grands meneurs, le socialisme n'est qu'un bélier pour prendre le pouvoir d'assaut, afin de l'exercer en dictateurs. On leur accorderait aujourd'hui tout ce qu'ils demandent, à moins de leur accorder le pouvoir, ils inventeraient de nouvelles machines révolutionnaires, et force sera de leur résister à main armée.

Or la résistance d'un pouvoir révolutionnaire n'est que matérielle et éphémère.

On ne résiste avec succès qu'au nom d'un droit reconnu devenu le palladium, le drapeau de la nation.

Sortir de la révolution, rentrer dans le principe national, voilà le but et l'unique salut de la France ; voilà le devoir de tout homme d'état sincère qui aime Dieu et sa patrie.

Je dirai presque, voilà l'intérêt de tout gouvernement qui veut durer par le bien qu'il fait. car le véritable intérêt est toujours du côté du droit et de la vérité.

Et pourquoi, me répond-on, la France ne se prononcerait elle pas franchement, librement pour la République ?

Autant demander pourquoi un homme ne voterait pas son suicide ?

La France, malgré toutes ses aberrations, est un peuple de philosophes sans le savoir. Le bon sens est une qualité innée chez tout Français, qui n'est pas aveuglé par l'ambition et l'intérêt.

La France a eu longtemps un pouvoir héréditaire. Le principe d'ordre était acquis, mais elle n'avait pas les moyens de le féconder. Elle n'avait pas le suffrage universel, c'est-à-dire la seule et véritable liberté. Et le principe a péri.

Aujourd'hui elle a la liberté. Eh bien, ce principe, s'il ne tend pas à s'allier avec l'ordre, qui est l'hérédité, périra également par ses propres abus. Il faut des bords à l'Océan pour pouvoir porter des navires. Il faut un centre de gravité à tout corps pour pouvoir fonctionner. La démocratie n'est pas un gouvernement, mais de la matière gouvernementale en fusion sans forme arrêtée. C'est une rase campagne, un excellent terrain en friche sans ombre ni fruit. Qu'on vienne y planter des arbres. Rien de mieux. Mais on ne peut pas venir, tous les trois ans, déraciner l'arbre et mettre un autre à sa place. On ne peut pas non plus, comme cela arrive dans des pays révolutionnaires, remuer à tout instant le sol, ou le miner pour renverser ceux qui s'y sont établis. La démocratie, comme principe de liberté et de mouvement, ne produit nulle part de grands résultats, qu'en se posant une limite par l'hérédité. Réunies, la démocratie et l'hérédité se contrebalanceront et se soutiendront l'une l'autre. Séparées et fonctionnant d'une manière absolue, ils se suicident et se consument par leur propre force.

Quand une machine n'a plus rien à broyer et qu'elle ne s'arrête pas, elle s'enflamme et se consume elle-même.

Seulement la démocratie absolue périt cent fois plus vite qu'une monarchie absolue. La pire des monarchies vaut mieux et dure encore plus longtemps que la meilleure des républiques.

La liberté sans ordre pivotal n'est qu'une négation, de même que le droit n'est qu'un principe négatif, s'il n'est pas la conséquence du devoir.

Tous les malheurs de l'Europe moderne ; toutes les perturbations, toutes les extravagances sociales viennent de ce que, depuis un siècle, les écrivains, les législateurs et les hommes d'Etat ont interverti la position du droit et du devoir. On peut dire hardiment, et si Dieu me prête vie, je prouverai, que cette seule interversion est la boîte de Pandore de notre siècle, et qu'une fois la logique rétablie sur ce point, toutes les autres vérités politiques et sociales n'en sont que les conséquences naturelles. « Les hommes ont le droit de vivre », disent nos philosophes athées. Admettez cet axiôme, et forcément l'homme, pour vivre a le droit de voler et d'assassiner son prochain. Renversez la maxime en suivant l'exemple de tous les législateurs divins et inspirés par la raison : « Le pre-

mier devoir des hommes est de se laisser vivre. »
Par cela même, tous les hommes jouissent de leur
droit de vivre.

Toute la politique, toute la justice, toute l'hu-
manité reposent sur cette simple interversion. Le
droit de l'un ne commence, en effet, dans notre
société, que là où finit le devoir de l'autre ; et ré-
ciproquement, celui qui ne fait pas son devoir,
par cela même, perd toujours son droit.

Aussi le premier devoir de la liberté, c'est-à-
dire du vote univrsel, c'est d'instituer l'ordre sans
solution de continuité, c'est-à dire l'hérédité.
Après avoir accompli ce devoir, la liberté peut être
sûre qu'elle jouira de tous ses droits. Car le premier devoir de l'ordre, est de fonctionner par la liberté, faute de quoi il périra lui-même et perdra
ses droits.

Ceci posé, je déclare que si, malgré cette vérité, la France se prononçait pour les droits sans
devoirs de la démocratie absolue, notre devoir à
tous serait de nous soumettre, sauf à éclairer la
majorité par la raison et des arguments pacifiques.

Soit, me dira-t-on, le suffrage universel fera
son devoir ; il instituera l'hérédité. Mais laquelle?
Pourquoi pas celle du Comte de Paris plutôt que

celle de Henri V? Pourquoi ne se prononcerait-
elle pas pour l'héritier de l'Empereur, auquel elle
a déjà donné cinq millions de voix comme président et qui jusqu'à présent a prouvé par sa
conduite qu'il en était digne?

Voici ma réponse : C'est qu'aucune hérédité révolutionnaire ne peut faire le bien. Non pas que
je dénie ce droit à la France; non pas qu'une nation soit attachée à une famille. Si la France était
comme l'Amérique, une nation qui commence,
elle pourrait choisir qui bon lui semblera, pour
obtenir du principe tous les fruits de paix et de
prospérité. Rome, à défaut d'un petit-fils de Tar-
quin, a choisi le neveu de César. Mais la France
a une histoire et une nation ne peut faire abstraction de son passé, pas plus qu'un homme de sa
constitution physique, qu'il tient de son père. Si
l'hérédité n'existait pas en France; s'il n'y avait
pas d'héritier, la nation pourrait l'inventer ; mais
le principe étant tout inventé, en créer un second,
ce serait compromettre et anéantir tous deux, car
les principes coexistants qui se ressemblent, s'ex-
cluent et s'entredétruisent.

Pourquoi la France proclamerait-elle l'hérédité?
Pour avoir l'ordre. Eh bien, si elle crée une nouvelle hérédité à côté de celle existante, loin d'at-

teindre son but, elle ne produirait qu'un nouvel élément de discorde et de guerre. Elle n'aurait ni l'ordre, ni la liberté. Mieux vaut encore la démocratie absolue, qu'une hérédité révolutionnaire à côté d'une autre préexistante. Elle ne pourrait s'allier à la liberté, de peur d'en être dévorée, ni représenter l'ordre sans détruire l'ordre antérieur par la violence. Un principe, pour faire le bien, doit toujours être entier et se conserver par un principe contrastant. Tout, dans ce monde, repose sur l'alliance des contrastes *. Mais aucun élément n'en souffre un autre semblable à côté de lui. Une monarchie peut s'allier avec la démocratie, mais elle n'admet pas à côté d'elle et dans le même pays, une seconde monarchie, pas plus que la démocratie ne se laisse scinder en deux parts. Ces deux principes égaux, placés l'un à côté de l'autre, provoqueraient tôt ou tard une lutte et plongeraient de nouveau le pays dans la guerre civile des partis.

Du reste, le suffrage universel ne doit jamais voter sur les héritiers, mais sur l'hérédité. Ce n'est pas le monarque qu'une nation institue, mais la monarchie, c'est-à-dire le principe d'ordre comme abstraction. Or, dans ce cas, il faudrait

---

* Voir l'*Hérédité du pouvoir*.

être fou ou traître à la patrie pour ne pas préférer
un droit légitime, qui ne lèse aucun autre droit, à
des intérêts de parti et de famille. Avec le suffrage
universel, l'hérédité règne mais ne gouverne pas.
Le monarque disparaît derrière l'institution. Que
ce soit un homme de génie ou un crétin, peu importe! L'homme s'absorbe dans le principe. C'est
la nation qui gouvernera dorénavant, le monarque
ne sera plus que le représentant de l'immortalité
du principe d'ordre.

Pourquoi alors créer une nouvelle hérédité, et
avec elle de nouveaux embarras? Pourquoi laisser
à l'étranger le pouvoir de nous menacer d'une
guerre civile; pourquoi instituer le désordre au
nom de l'ordre? Pourquoi enfin ne pas retourner
à un principe, qui seul est capable de rallier autour de lui tous les partis, d'absorber en lui toutes
les idées de progrès et de réformes nécessaires?
Se peut-il que des hommes d'Etat sérieux aient
si peu de patriotisme, j'ajouterai et tant d'ambition impatiente, pour sacrifier à leur amour propre
le bonheur de la France! Il faut avoir le cancer
révolutionnaire au cœur, pour s'opposer avec le
délire d'un incurable, au seul remède existant
contre tous les maux qui accablent cette pauvre
France depuis un demi-siècle.

Quant à moi, je ne suis et n'ai jamais été ce

qu'on est convenu d'appeler légitimiste. Je n'admets l'hérédité du pouvoir qu'avec et par le libre choix du suffrage universel, mais une fois admise, il m'est impossible de la comprendre autrement qu'avec le principe existant, qui seul pourrait rendre à la France sa liberté, et la conduire sur la voie des réformes sociales. Encore quelque temps, et l'hérédité sera reconnue et proclamée par les républicains les plus sceptiques. Ceux qui la défendent maintenant, sont des hommes qui, se levant de grand matin, voient le jour une heure plus tôt que ceux qui aiment à dormir la grasse matinée. C'est là tout leur mérite.

Qu'importe, du reste, que ce soit demain, en deux ans, ou en vingt ans ! Le droit marche souvent à pas de tortue, mais il arrive.

C'est à vous, électeurs, de hâter ou de retarder cette époque par le choix de vos mandataires. Non pas que vous deviez imposer vos opinions à la majorité, si vous êtes dans la minorité. L'essentiel pour vous c'est d'élire des hommes logiques, courageux et pacifiques, ayant vos convictions pour les produire à la face du ciel ; l'essentiel encore, c'est que vous mainteniez votre drapeau, pour le planter au milieu du camp de l'adversaire. Faites des concessions pour les individus, jamais sur les principes. Restez avant tout dans la voie de la légalité et de la nationalité ; persévérez dans votre droit en faisant votre devoir, et soyez sûrs que tôt ou tard la France vous suivra, car vous êtes sur le chemin de l'honneur et de la gloire.

Il est une maxime de paysan qui dit : « Tout
ce qu'on ne fait pas soi-même n'est pas bien fait. »

Cette maxime est vraie, surtout pour ceux qui,
ne connaissant pas les hommes, ne savent pas
choisir des travailleurs spéciaux pour chaque
branche de travail.

L'art de conduire de grands travaux consiste
uniquement dans le talent de mettre chaque tra-
vailleur à sa place et de subordonner le faible au
fort.

L'art de gouverner n'est autre que celui de savoir choisir les hommes et de les classer selon
leur spécialité ; en d'autres termes, de mettre les
chiffres devant les zéros.

C'est par cette raison que les hommes d'État
désignés par l'élection restent pour la plupart du

temps au-dessous de leur mission ; c'est encore par cette même raison, que les constitutions et les lois faites par les assemblées sont si défectueuses.

Le suffrage universel est le baromètre de l'opinion du peuple. Il ne se trompe jamais sur le principe fondamental du gouvernement, mais par sa nature collective il est exposé à se tromper souvent sur les individus qu'il délègue pour les affaires du pays.

Toutefois, avec le temps, le suffrage universel s'organisera tout seul pour arriver à la connaissance et à l'appréciation juste de la valeur intrinsèque de ses mandataires. Ce ne sont pas les comités centralisateurs qui lui donneront cette force, mais au contraire le fractionnement des circonscriptions électorales et les réunions préparatoires dirigées par des hommes de talent éprouvés.

C'est surtout le vote à la commune qui serait un excellent moyen pour atteindre ce but. A défaut de ce vote, il faudrait que chaque commune s'entendît par une réunion préparatoire sur le choix définitif de ses représentants. Le paysan a un instinct de bon sens admirable. Rarement on le trompe deux fois avec des phrases parlementaires. Il va droit au but et ne se paie pas de figures oratoires. Les villes, d'ordinaire, préfèrent le brillant à l'utile et la passion émouvante à la vérité ; le campagnard est moins artiste pour la forme, mais il sait et juge mieux le fond des choses.

Depuis soixante ans, la France est la proie des avocats et des orateurs. C'est naturel. Dans un pays de révolutions et de malheurs publics, l'art mensonger de la parole brille au premier rang. Par contre, la pensée, la logique, le travail utile et modeste sont complétement effacés, sinon étouffés.

Il en était ainsi dans tous les pays où brillait l'éloquence politique. Voici ce qu'en dit Tacite* : « Ne croyez pas que l'art oratoire soit ami du repos et de la paix, que les vertus et la modération soient son triomphe. La grande éloquence, celle qui se fait remarquer, est fille de la licence, de cette licence qu'on appelait follement liberté. Elle est compagne de la sédition ; elle aiguillonne les fureurs populaires ; elle est incapable de condescendre, encore moins de servir. Rebelle, téméraire, arrogante, elle est toujours incompatible avec les constitutions bien ordonnées. Avons-nous jamais entendu parler d'un orateur à Lacédémone ou dans la Crête, si vantées par la sagesse de leurs lois et la sévérité de leurs constitutions ? Nous ne connaissons pas non plus l'éloquenc e

*Dialogue sur les orateurs.

chez les Macédoniens, chez les Perses, chez tous les peuples qui respectent une autorité fixe. Il y a eu quelques orateurs à Rhodes ; il y en a eu beaucoup à Athènes, où c'était le peuple, les ignorants, où c'était tout le monde, pour ainsi dire, qui pouvait tout. Il en fut de même de notre république. Tant qu'elle s'égara, tant qu'el'e se laissa consumer par des factions, par des dissensions, par la discorde ; tant qu'il n'y eut ni paix dans le forum, ni concorde dans le sénat, ni règle dans les jugements, ni respect pour les supérieurs, ni retenue dans les magistrats ; elle produisit une éloquence incontestablement plus puissante et plus forte, comme les terres qui n'ont jamais été domptées par la culture produisent une végétation plus vigoureuse, mais moins utile. Mais l'éloquence des Gracques ne valait pas la peine d'être achetée par leurs lois, et la perfection de l'art du temps de Cicéron n'a point été un dédommagement de sa mort.

« Le barreau est la seule partie qui nous reste des anciens orateurs. Eh bien, ce barreau même n'annonce que désordre et un état qui n'est point réglé. En effet, irait-on nous chercher si l'on n'était ni malheureux ni coupable ? Quelle ville viendrait plaider à Rome si elle n'était violentée par l'ennemi ou par des discordes domestiques ? De quelles provinces prenons-nous la défense, si ce n'est de celles qui ont été pillées ou opprimées ? Ne vaudrait-il pas mieux ne point permettre des injustices que d'en obtenir la réparation ? Que si l'on trouvait un état qui ne prévariquât pas, l'orateur politique serait aussi inutile qu'un médecin parmi des gens bien portants. Qu'est-il besoin de longues discussions dans le sénat, lorsque les bons esprits sont si vite d'accord ? Que deviennent toutes ces harangues au peuple, lorsque l'administration publique n'est plus confiée à l'ignorance de la masse, mais au talent d'un seul ? »

Si Tacite vivait aujourd'hui, il dirait la même chose de la France révolutionnaire. Dans ce pays de soi-disant progrès, les hommes de pensée et de courage sont forcément regardés comme des utopistes inutiles. On n'admire, on n'élit que des hommes de parole, qui se mettent en évidence et qui ne tiennent à aucun principe d'ordre et de morale.

Depuis soixante ans, la médiocrité remuante règne et gouverne forcément en France. La médiocrité, c'est le milieu entre le génie et la nullité. Tout lui va. Elle mange à tous les rateliers, car, se tenant toujours au milieu entre l'erreur et la vérité, entre le principe et le fait, elle n'a pour prendre, qu'à étendre le bras droit ou le bras gauche.

Ce n'est pas la faute du pays, c'est la conséquence forcée de la révolution. Les révolutions
sont athées. Niant tout principe, elles ne vivent
que par le fait accompli et la négation. Le diable
est le représentant de la révolution faite contre
Dieu. Il est le plus éloquent des esprits célestes.

Il faut juger l'homme sur son caractère, ses
idées et ses capacités d'exécution, jamais sur son
talent de parole. Le génie même, sans caractère,
se flétrit et se ravale tôt ou tard. Les malheurs
de beaucoup d'hommes de talents, en France, c'est
de croire que plus on a de capacité, plus on a de
droits. Erreur! Se distinguer de la foule, soit par
le talent, soit par la fortune, soit par le pouvoir,
c'est se charger d'autant de devoirs de plus envers
la société. L'homme ne s'élève pas au-dessus de
ses semblables pour s'éloigner d'eux, mais pour
se rapprocher de Dieu.

Vous tous qui vivez du souffle divin du principe d'ordre et de progrès ; vous tous qui voulez
le bonheur et la grandeur de la France, qui tendez
vers l'ordre, non par la négation de la liberté, mais
par l'absorption de toutes les idées de réforme
et d'amélioration sociale, votre premier devoir est,
dans ce moment, de chercher et de choisir des
hommes dignes de vous, dignes de réunir autour

d'eux, par leur force d'attraction, tous les hommes d'idées et de caractère, dignes, enfin, de représenter le premier peuple du monde.

N'oubliez pas que les meilleurs principes périssent par la lâcheté et la médiocrité des hommes chargés de les cultiver et de les féconder. N'oubliez pas qu'en politique il n'y a ni amis, ni ennemis. Tout candidat qui n'a pas fait preuve de courage, de dignité et de capacité, est votre ennemi mortel, vous fît-il les protestations les plus solennelles.

Rappelez-vous le mot profond de Hamlet. A des personnes qui lui proposaient un de ses amis éprouvés pour conduire un théâtre, il répondit: « C'est un honnête homme, mais un mauvais musicien. » On peut être un parfait honnête homme, et être le plus détestable des représentants, surtout dans ce moment solennel et décisif. Il vous faut des hommes politiques d'initiative et de principes arrêtés ; il vous faut des hommes de progrès qui ne reculent devant aucune idée, devant aucun danger. S'il n'est pas possible d'en trouver un grand nombre, tâchez du moins d'élire en tête ceux qui depuis des années ont donné des preuves irrécusables de talent, de courage et d'honneur, soit dans les assemblées politiques, soit dans la presse de Paris et de la province. Je n'ai pas besoin de les nommer. Du reste, il est de noms, comme ceux de MM. de Genoude, de Girardin, de Victor Hugo, en faveur desquels toute recommandation serait superflue.

Le nom de M. de Genoude surtout, est d'une haute et grande signification. Non-seulement, il dit : suffrage universel et hérédité du pouvoir, mais encore : plus de coteries, plus de partis, plus de coalitions, plus de révolutions ! Ordre pour moyen, liberté et réforme pour but ; en d'autres termes : le devoir comme moyen, le droit pour but.

N'oubliez pas non plus de discuter hardiment les affaires privées de MM. les candidats.

Scrutez bien la vie des grands héros révolutionnaires, vous verrez que la majeure partie d'entr'eux sont de grands dissipateurs. Un homme qui a beaucoup de besoins ne défend un principe, qu'autant que ce principe lui rapporte. Il n'y a point d'indépendance politique possible pour celui qui ne sait pas se rendre indépendant par un travail fécond et une vie réglée.

Ici j'arrive à la question prédominante agitée à propos des élections : à la conciliation et à la fusion des partis.

Depuis dix-neuf ans , depuis juillet 1830, jour d'où date la république bourgeoise, la France intellectuelle avec tous ses partis, est partagée en deux camps.

Dans l'un se trouvent en minorité : *les hommes d'État*. Dans l'autre se trouvent en majorité : *les hommes politiques*.

Les premiers sont des hommes de tous les partis qui professent des idées de réforme gouvernementale, jointes à une passion d'initiative, parfois un peu fougueuse. Les autres se proclament avant tout des hommes d'ordre, mais qui ne bougent pas, de peur de tomber. L'ordre pour eux, consiste dans un parti pris de résistance à toutes les propositions de réforme administrative et sociale. Ils craignent, et souvent avec raison, que toute réforme ne se métamorphose en révolution. Ils ressemblent à des dompteurs de chevaux qui se raidissent contre eux en les retenant par la bride.

— Montez dessus, s'écrient les adversaires, domptez les par la fatigue.

A cela, on répond, qu'avant de les avoir fatigués, ils jeteraient le cavalier sur le pavé pour l'écraser sous les pieds. Toute l'histoire politique des derniers dix-neuf ans ; — car la République n'a fait qu'aggraver le mal, — est une lutte stérile entre les hommes d'État et les hommes politiques.

— Vous êtes des bavards, des parlementaires, disent les uns avec raison.

— Et vous, des utopistes et des téméraires, ripostent les autres. Nous ne pouvons rien faire, la France est malade.

— Non, répliquent les premiers, la France est faible. Il lui faut de la bonne nourriture, il lui faut des réformes.

— Gardez-vous en bien, répondent les hommes politiques. La France a la fièvre révolutionnaire. Votre nourriture ne ferait que la tuer plus vite. De manière que dans l'un et l'autre cas, la pauvre France se meurt. Encore quelque temps de ce régime, et elle est morte.

Car, hélas, les uns ont raison, et les autres n'ont pas tort.

Oui, la France se meut, depuis dix-neuf ans, dans un cercle vide. Oui, il y a, à côté des hommes politiques de résistance, des hommes de talent, de génie même, avec de grandes idées d'ordre administratif et de liberté sociale. Oui, il il y a, dans les livres des socialistes pacifiques, des principes d'application en faveur de l'amélioration de la condition du travail. Oui, le meilleur moyen de gouverner et de vaincre ses ennemis politiques, est de leur enlever les armes intellectuelles et d'appliquer hardiment leurs idées qui puissent faire le bien, sauf à leur laisser les erreurs et les folies. On n'a pas la raison, pour choisir un bien séparé d'un mal reconnu. L'instinct de la brute y suffit; mais pour discerner le bien dans le mal même, car il n'y a point de mal absolu. Dans tous les partis, il y a une idée a prendre. Voir, examiner, juger toutes les idées, si extravagantes qu'elles paraissent, les soumettre sans passion ni préjugé, au jugement de la raison, c'est la mission de tout homme d'État.

Mais, d'autre part, l'homme, si fort qu'il soit, n'est pas supérieur au principe, en vertu duquel il gouverne; car pour marcher, il faut être debout. Ce qui serait possible dans un état basé sur le droit reconnu, ne l'est pas dans un état révolutionnaire, dont la base mouvante cède encore plus facilement sous les pas d'un homme fort que sous ceux d'un homme ordinaire. Dans cette

lutte, les uns et les autres ont toujours pris l'eff[e]
pour la cause. Les révolutionnaires, soi-disan[t]
honnêtes et modérés, imputent leur impuissanc[e]
et leurs revers à l'impatience des violents qui on[t]
le vice singulier d'être un peu plus logiques qu'eu[x]
dans le mal, en poussant le principe révolution[n]aire jusqu'à l'extrême, sauf à en être dévoré[s]
un peu plus tard, à la première velléité d'ordre[.]
Les autres sont assez naïfs pour se figurer qu'u[n]
pays révolutionnaire est un bon terrain pour le[s]
idées et les réformes. Ils ressemblent à des arch[i]tectes qui soumettent un plan de réparation [et]
d'embellissement à un propriétaire, juste au mo[ment où le feu éclate dans sa maison. Pour tout[e]
réponse, le propriétaire leur présente un sea[u]
d'eau pour aider à éteindre l'incendie. Le fe[u]
éteint, la maison se trouve sauvée, sauf, toutefois[,]
la toiture, le rez-de-chaussée et le mobilier no[n]
assuré.

De nouveau l'architecte présente son plan qui[,]
cette fois, est devenu une nécessité.

Le propriétaire se meurt d'envie de le fair[e]
exécuter, lorsqu'il s'aperçoit que non-seulemen[t]
le feu est dans la maison de son voisin, mais qu[e]
le pays fourmille d'incendiaires; en un mot qu[e]

le fléau, au lieu d'être accidentel, est chronique et périodique.

Aussi, au lieu de reformer sa propriété, il la couvre de chaume, y met un grabat et s'y installe à la grâce de Dieu, comme un voyageur nomade, résolu à vendre bien cher son gîte et sa vie.

C'est l'état de la France révolutionnaire qui, depuis un demi-siècle, vit au jour le jour et à la grâce de Dieu. En effet, depuis qu'elle a ouvert les portes aux révolutions, depuis qu'elle a exclu les défenseurs de son principe conservateur, cette nation, jadis si noble et si puissante, est condamnée à l'immobilité et au rôle passif de légitime défense. Toute initiative de progrès lui apparaît de loin comme un rêve paradisiaque, sans qu'elle puisse y toucher. Elle a de grands architectes dans son sein ; elle a les plus beaux plans de réforme dans la tête, mais ses pieds sont enchaînés. C'est un Prométhée, cloué sur un pavé révolutionnaire, dévoré par des rats politiques, sous prétexte de le garder.

Voulez-vous la preuve de ce que je viens d'avancer ? Voyez l'histoire de la Prusse et de l'Autriche. Dans ces pays, malgré de fréquents troubles, la révolution n'est pas encore parvenue à reu-

verser le principe d'ordre, c'est-à-dire l'hérédité
du pouvoir. Tout ce qui s'y est fait, soit par l'initiative des princes, soit par celle du peuple, ren-
tre encore dans le domaine de la réforme, réforme qui, surtout en Prusse, date de plusieurs
années. Eh bien, les constitutions octroyées par
le roi de Prusse et l'empereur d'Autriche sont
toutes deux plus libérales que celle ébauchée,
discutée et adoptée par les mandataires de la République française, proclamée au nom d'une révolution. La commune, dans ces pays, est complétement émancipée; l'éducation populaire est
gratuite, l'enseignement est libre, la centralisa-
tion est purement politique, nullement administrative; enfin les quelques hommes d'ordre qui
ont fait preuve d'un véritable talent gouvernemental ont été ou seront appelés dans le sein du
Gouvernement. Si M. de Girardin était prussien,
il y a longtemps qu'il serait premier ministre. Il
pourrait y faire de grandes et de bonnes choses,
parce que, véritable Archimède administratif, il
aurait un point d'appui pour son levier de réforme.

En France, où ce point d'appui lui manque—et
là est son erreur — le bloc à soulever écraserait
l'instrument et tuerait probablement l'ouvrier
sans contre-appui. Jamais réforme salutaire n'a
pu être appliquée dans un pays révolutionnaire.

Ces pays n'ont ni assez de sagesse pour l'entreprendre, ni assez de patience pour en attendre le résultat. C'est l'équipage de Colomb qui lui laisse encore vingt-quatre heures de répit pour toucher à terre. Un vent qui se serait levé, et Colomb eût péri, et l'Amérique n'aurait pas été trouvée. Dans ces pays, tout est abandonné au hasard. Les hommes n'y peuvent rien ou peu de choses. Ce qu'ils élèvent péniblement durant six mois, une seule bourrasque populaire l'enlève en six heures. S'agit-il d'un abus à abolir, la révolution abolit en même temps l'élément du bien. Au lieu d'ôter la rouille de l'instrument, elle préfère briser l'instrument même. Un proverbe allemand dit : « Toute révolution verse l'enfant avec le bain. »

Donc, la lutte entre les hommes d'état et les hommes politiques sur le terrain révolutionnaire, que ce soit sur la Constitution de 1830 ou 1849, est une lutte stérile, et ne produira pas plus en 1849 qu'en 1832.

Les uns vous feront mourir d'inanition, les autres d'indigestion.

Donc, si vous voulez être sauvés, si vous voulez faire de la conciliation sincère et salutaire : si vous voulez utiliser les idées des hommes de génie et de progrès pacifique, il faut avant tout que vous vous réunissiez sur le terrain, du droit et de l'ordre anti-révolutionnaire ; il faut que le désordre soit anéanti par l'ordre même, comme on anéantit le froid par la chaleur, et non en prouvant son influence pernicieuse au milieu de la rue par une giboulée de mars. Donc enfin il faut que le suffrage universel tende par tous les moyens légaux à être consulté librement sur la forme du Gouvernement même, afin qu'il puisse proclamer l'hérédité du pouvoir, seul principe assez large, assez robuste et assez libéral pour rallier autour de lui les hommes éminents de tous les partis, pour rendre à la France sa prospérité dans l'intérieur, et son influence chevaleresque à l'extérieur, en faveur de l'émancipation, en faveur de l'éducation des peuples.

Avec ce principe seul, la France sera assez forte à l'intérieur pour procéder à des réformes, pour s'occuper de l'amélioration des travailleurs par la consolidation du capital même, et pour jeter non son glaive, mais son caducée dans la balance de l'Europe.

Si vous persévérez dans cette voie, vous sauverez la France. Le combat même vous soutiendra et la fera vivre, car c'est un combat sacré. Du choc des intelligences jaillira la vérité et le salut.

Sinon périssez.

Il ne reste à ceux qui vous conduisent sans être soutenus que de périr avec vous !

FIN.